KPMG

W0270300

PLAN COMPTABLE

Associations, fondations et fonds de dotation

et autres entités visées par le règlement ANC n° 2018-06

(à jour au 1er janvier 2020)

Liste des comptes et repères nécessaires pour obtenir les états financiers et les informations de gestion

ECONOMICA

Ce plan de comptes est établi à partir du plan de comptes défini à l'article 932-1 du règlement ANC n° 2014-03 relatif au plan comptable général en tenant compte des comptes spécifiques énumérés à l'article 320-2 du règlement ANC n° 2018-06 du 5 décembre 2018 relatif aux comptes annuels des personnes morales de droit privé à but non lucratif.

Les aménagements effectués (dont le principe est autorisé) sont signalés par *.

Ce plan de comptes comporte :

- les tableaux « Bilan » et « Compte de Résultat » établis à partir du règlement ANC 2018-06,
- l'annexe, partie indissociable du bilan et du compte de résultat, fait l'objet d'un contenu indicatif.

PRÉSENTATION DE LA LISTE DES COMPTES

Le lecteur trouvera des repères qui ont été placés pour attirer l'attention sur les comptes utiles à la répartition de certaines analyses de gestion.

Voici la signification de ces repères :

Tous comptes	D/C	Sens du solde (indication limitée, pour certaines classes, aux comptes ayant un solde inhabituel)
Comptes de bilan (1)	● (rouge)	Compte à classer en « Fonds de roulement »
	● (jaune)	Compte à classer en « Besoin en Fonds de roulement » (d'exploitation)
	● (vert)	Compte à classer en « Trésorerie »

(1) Les classements choisis conviennent à la majorité des entités. Certaines particularités peuvent cependant conduire à les modifier.

Champ d'application du règlement ANC n° 2018-06 Art. 111-1

Les dispositions du présent règlement s'appliquent à toutes personnes morales de droit privé non commerçantes, à but non lucratif, qu'elles aient ou non une activité économique, lorsqu'elles sont tenues d'établir des comptes annuels sous réserves de règles comptables spécifiques établies par l'Autorité des normes comptables. Elles sont dénommées ci-après « entités » dans le présent règlement.

Les dispositions du présent règlement ne s'appliquent pas aux personnes de droit privé mentionnées au I de l'article 136 de la loi n° 2001-1275 du 28 décembre 2001 de finances pour 2002.

(IR2) Entités entrant dans le champ d'application

Les dispositions du présent règlement s'appliquent notamment :

- aux associations relevant de la loi du 1er juillet 1901 relative au contrat d'association et aux associations des départements du Bas-Rhin, du Haut-Rhin et de la Moselle relevant du code civil local qui sont soumises à des obligations législatives ou réglementaires d'établissement de comptes annuels dont :
  - les associations entrant dans le champ d'application de l'article L. 612-1 du code de commerce ;
  - les associations entrant dans le champ d'application de l'article L. 612-4 du code de commerce ;
  - les associations entrant dans le champ d'application de l'article L. 213-15 du code monétaire et financier ;

– les associations faisant appel public à la générosité visées par l'article 3 de la loi n° 91-772 du 7 août 1991 ;

- aux fondations reconnues d'utilité publique et aux fondations d'entreprise relevant de la loi n° 87-571 du 23 juillet 1987 modifiée par la loi n° 90-559 du 4 juillet 1990 ;
- aux fondations de coopération scientifique relevant de la loi de programme n° 2006-450 du 18 avril 2006 pour la recherche ;
- aux fondations partenariales relevant de la loi n° 2007-1199 du 10 août 2007 relative aux libertés et responsabilités des universités ;
- aux fondations hospitalières relevant des articles L. 6141-7-3 et R. 6141-53 à R. 6141-66 du code de la santé publique ;
- aux fonds de dotation relevant de l'article 140 de la loi n° 2008-776 du 4 août 2008 de modernisation de l'économie ;
- aux groupements de coopération sanitaires de droit privé et aux groupements de coopération sociale et médico-sociale de droit privé régis par le chapitre III du titre III du Livre I du code de la santé publique.

Le présent règlement est également applicable aux entités suivantes n'ayant pas la personnalité morale :

- aux fondations abritées relevant de l'article 20 de la loi n° 87-571 du 23 juillet 1987 sur le développement du mécénat ;
- aux fondations universitaires relevant de la loi n° 2007-1199 du 10 août 2007 relative aux libertés et responsabilités des universités.

(IR2) Entités bénéficiant par un règlement de l'ANC de dispositions particulières

Pour les entités suivantes, un règlement établi par l'Autorité des normes comptables prévoit des dispositions spécifiques et/ou renvoie au présent règlement :

- les syndicats professionnels et à leurs unions mentionnés aux articles L. 2131-2, L. 2133-1 et L. 2133-2 du code du travail avec le règlement CRC n° 2009-10 ;
- les comités sociaux et économiques mentionnés à l'article L. 2315-64 du code du travail, aux comités sociaux et économiques centraux mentionnés à l'article L. 2316-1 du même code et aux comités sociaux et économiques interentreprises mentionnés à l'article L. 2313-9 du même code avec le règlement ANC n° 2015-01 ;
- les organismes paritaires collecteurs agréés au titre de la prise en charge du plan de formation, du compte personnel de formation et des actions de professionnalisation en application des dispositions des articles L. 6332-1, L. 6332-7, et L. 6332-9 du code du travail avec le règlement ANC n° 2015-03 ;
- les organismes paritaires agréés au titre de la prise en charge du congé individuel de formation en application des dispositions des articles L. 6333-1 et L. 6333-2 du code du travail avec le règlement ANC n° 2015-03 ;
- les organismes paritaires collecteurs agréés au titre de la collecte de la taxe d'apprentissage en application des dispositions de l'article L. 6242-1 du code du travail avec le règlement ANC n° 2015-03 ;
- les mutuelles n'assumant pas un risque d'assurance relevant du livre III du code de la mutualité ;
- aux institutions de prévoyance régies par le titre III du livre IX du code de la sécurité sociale et par le II de l'article L727-2 du code rural et de la pêche et aux mutuelles et unions relevant du livre II du code de la mutualité et assumant un risque d'assurance avec le règlement ANC n° 2015-11 ;
- les banques mutualistes ou coopératives au sens de l'article L. 511-9 du code monétaire et financier, avec le règlement ANC n° 2014-07.

Classe 1 COMPTES DE CAPITAUX

- C 10 FONDS PROPRES ET RÉSERVES
- C 102 Fonds propres sans droit de reprise
- C 1021 Première situation nette établie
- C 1022 Fonds statutaires (à subdiviser en fonction des statuts)
- C 1023 Dotations non consomptibles
- C 10231 Dotations non consomptibles initiales
- C 10232 Dotations non consomptibles complémentaires
- C 1024 Autres fonds propres sans droit de reprise
- C *10241 Autres fonds propres sans droit de reprise sur legs et donations
- C *10242 Autres fonds propres sans droit de reprise
- C 103 Fonds propres avec droit de reprise
- C 1032 Fonds statutaires (à subdiviser en fonction des statuts)
- C 1034 Autres fonds propres avec droit de reprise
- C 10341 Autres fonds propres avec droit de reprise sur legs et donations
- C 10342 Autres fonds propres avec droit de reprise
- C 105 Écarts de réévaluation
- C 1051 Écarts de réévaluation sur des biens sans droit de reprise
- C 1052 Écarts de réévaluation sur des biens avec droit de reprise
- C 1053 Réserve de réévaluation
- C 1055 Écarts de réévaluation (autres opérations légales)
- C 1057 Autres écarts de réévaluation en France
- C 1058 Autres écarts de réévaluation à l'Étranger
- C 106 Réserves
- C 1062 Réserves indisponibles
- C 1063 Réserves statutaires ou contractuelles
- C 1064 Réserves réglementées
- C 10648 Autres réserves réglementées
- C 1068 Réserves pour projet de l'entité
- C 107 Écart d'équivalence
- 108 Dotations consomptibles
- C 1081 Dotations consomptibles
- C 1089 Dotations consomptibles inscrites au compte de résultat
- C 11 ÉLÉMENTS EN INSTANCE D'AFFECTATION
- C 110 Report à nouveau (Solde créditeur)
- D 119 Report à nouveau (Solde débiteur)
- 12 RÉSULTAT NET DE L'EXERCICE (EXCÉDENT OU DÉFICIT)
- C 120 Résultat de l'exercice (excédent)
- D 129 Résultat de l'exercice (déficit)
- C 13 SUBVENTIONS D'INVESTISSEMENT
- C 131 Subventions d'équipement
- C 1311 État
- C 1312 Régions
- C 1313 Départements
- C 1314 Communes
- C 1315 Collectivités publiques
- C 1318 Autres
- C 138 Autres subventions d'investissement
- C 1381 État
- C 1382 Régions
- C 1383 Départements

● C 1384 Communes
● C 1385 Collectivités publiques
● C 1388 Autres
● D **139 Subventions d'investissement inscrites au compte de résultat**
● D 1391 Subventions d'équipement (même ventilation que le 131)
● D 1398 Autres subventions d'investissement (même ventilation que le 138)

● C 14 PROVISIONS RÉGLEMENTÉES

● C **142 Provisions réglementées relatives aux immobilisations**
● C 1423 Provisions pour reconstitution des gisements miniers et pétroliers
● C 1424 Provisions pour investissement (Participation des salariés)
● C **143 Provisions réglementées relatives aux stocks**
● C 1431 Hausse des prix
● C 1432 Fluctuation des cours
● C **144 Provisions réglementées relatives aux autres éléments d'actif**
● C **145 Amortissements dérogatoires**
● C **146 Provision spéciale de réévaluation**
● C **147 Plus-values réinvesties**
● C **148 Autres provisions réglementées**

● C 15 PROVISIONS

● C **151 Provisions pour risques**
● C 1511 Provisions pour litiges
● C 1512 Provisions pour garanties données aux usagers ou clients
● C 1513 Provisions pour pertes sur marchés à terme
● C 1514 Provisions pour amendes et pénalités
● C 1515 Provisions pour pertes de change
● C 1516 Provision pour pertes sur contrat
● C 1518 Autres provisions pour risques
● C **152 Provisions pour charges sur legs ou donations**
● C **153 Provisions pour pensions et obligations similaires**
● C **154 Provisions pour restructurations**
● C **155 Provisions pour impôts**
● C **156 Provisions pour renouvellement des immobilisations (entreprises concessionnaires)**
● D/C **157 Provisions pour charges à répartir sur plusieurs exercices**
● C 1572 Provisions pour gros entretiens ou grandes révisions
● C **158 Autres provisions pour charges**
● C 1581 Provisions pour remises en état

● ● C 16 EMPRUNT ET DETTES ASSIMILÉES

● C **161 Emprunts obligataires convertibles**
● C **162 Obligations représentatives de passifs nets remis en fiducie**
● C **163 Autres emprunts obligataires**
● C 1631 Titres associatifs et assimilés
● C **164 Emprunts auprès des établissements de crédit**
● C **165 Dépôts et cautionnements reçus**
● C 1651 Dépôts
● C 1655 Cautionnements
● C **166 Participation des salariés aux résultats**
● C 1661 Comptes bloqués
● C 1662 Fonds de participation
● C **167 Emprunts de dettes assortis de conditions particulières**
● C 1671 Émission de titres participatifs

C 1674 Avances conditionnées de l'Etat
C 1675 Emprunts participatifs
C **168 Autres emprunts et dettes assimilées**
C 1681 Autres emprunts
C 1685 Rentes viagères capitalisées
C 1687 Autres dettes
C 1688 Intérêts courus
C 16881 sur emprunts obligataires convertibles
C 16883 sur autres emprunts obligataires
C 16884 sur emprunts auprès des établissements de crédit
C 16885 sur dépôts et cautionnements reçus
C 16886 sur participations des salariés aux résultats
C 16887 sur emprunts et dettes assortis de conditions particulières
C 16888 sur autres emprunts et dettes assimilées
D **169 Primes de remboursement des obligations**

C 17 DETTES RATTACHÉES À DES PARTICIPATIONS

C **171 Dettes rattachées à des participations**
C **174 Dettes rattachées à des participations (Hors groupe)**
C **178 Dettes rattachées à des sociétés en participation**
C 1781 Principal
C 1788 Intérêts courus

D/C 18 COMPTES DE LIAISON DES ÉTABLISSEMENTS (AVEC LE SIÈGE OU ENTRE EUX)

D/C **181 Comptes de liaison des établissements**
C **186 Biens et prestations de services échangés entre établissements (charges)**
D **187 Biens de prestations de services échangés entre établissements (produits)**
D/C **188 Comptes de liaison des sociétés en participation**

C 19 FONDS DÉDIÉS OU REPORTÉS

C **191 Fonds reportés liés aux legs ou donations**
C 1911 Legs ou donations
C 1912 Donations temporaires d'usufruit
C **193 Fonds dédiés aux fondations abritées**
C **194 Fonds dédiés sur subventions d'exploitation**
C **195 Fonds dédiés sur contributions financières d'autres organismes**
C **196 Fonds dédiés sur ressources liées à la générosité du public**
C *1961 Fonds dédiés sur legs et donations
C *1962 Fonds dédiés sur dons
C *1963 Fonds dédiés sur mécénats

Classe 2 COMPTES D'IMMOBILISATIONS

D 20 IMMOBILISATIONS INCORPORELLES

D **201 Frais d'établissement**
D 2011 Frais de constitution
D 2012 Frais de premier établissement
D 20121 Frais de prospection
D 20122 Frais de publicité
D 2013 Frais d'opérations diverses (fusions, scissions, transformations)
D **203 Frais de recherche et de développement**
D **204 Donations temporaires d'usufruit**
D **205 Concessions et droits similaires, brevets, licences, marques, procédés, droits et valeurs similaires**

- D 206 Droit au bail
- D 207 Fonds commercial
- D 208 Autres immobilisations incorporelles

D 21 IMMOBILISATIONS CORPORELLES

- D **211 Terrains**
  - D 2111 Terrains nus
  - D 2112 Terrains aménagés
  - D 2113 Sous-sols et sur-sols
  - D 2114 Terrains et gisements
    - D 21141 Carrières
  - D 2115 Terrains bâtis
    - D 21151 Ensembles immobiliers industriels (A, B,...)
    - D 21155 Ensembles immobiliers administratifs et commerciaux (A, B,...)
    - D 21158 Autres ensembles immobiliers
      - D 211581 Affectés aux opérations professionnelles (A, B,...)
      - D 211588 Affectés aux opérations non professionnelles (A, B,...)
  - D 2116 Compte d'ordre sur immobilisations
- D **212 Agencements et aménagements des terrains** (même analyse que le 211)
- D **213 Constructions**
  - D 2131 Bâtiments
    - D 21311 Ensembles immobiliers industriels (A, B,...)
    - D 21315 Ensembles immobiliers administratifs et commerciaux (A, B,...)
    - D 21318 Autres ensembles immobiliers
      - D 213181 Affectés aux opérations professionnelles (A, B,...)
      - D 213188 Affectés aux opérations non professionnelles (A, B,...)
  - D 2135 Installations générales - agencements - aménagements des constructions (même analyse que le 2131)
  - D 2138 Ouvrages d'infrastructure
    - D 21381 Voies de terre
    - D 21382 Voies de fer
    - D 21383 Voies d'eau
    - D 21384 Barrages
    - D 21385 Pistes d'aérodromes
- D **214 Constructions sur sol d'autrui** (même analyse que 213)
- D **215 Installations techniques, matériel et outillage industriels**
  - D 2151 Installations complexes spécialisées
    - D 21511 Sur sol propre
    - D 21514 Sur sol d'autrui
  - D 2153 Installations à caractère spécifique
    - D 21531 Sur sol propre
    - D 21534 Sur sol d'autrui
  - D 2154 Matériel industriel
  - D 2155 Outillage industriel
  - D 2157 Agencements et aménagements du matériel et outillage industriels
- D **218 Autres immobilisations corporelles**
  - D 2118 Installations générales, agencements, aménagements divers
  - D 2182 Matériel de transport
  - D 2183 Matériel de bureau et matériel informatique
  - D 2184 Mobilier
  - D 2185 Cheptel
  - D 2186 Emballages récupérables

● D 23 IMMOBILISATIONS EN COURS

- ● D 231 Immobilisations corporelles en cours
  - ● D 2312 Terrains
  - ● D 2313 Constructions
  - ● D 2315 Installations techniques, matériel et outillage industriels
- ● D 232 Immobilisations incorporelles en cours
- ● D 236 Avances versées sur immobilisations financières
- ● D 237 Avances et acomptes versés sur immobilisations incorporelles
- ● D 238 Avances et acomptes versés sur commandes d'immobilisations corporelles
  - ● D 2382 Terrains
  - ● D 2383 Constructions
  - ● D 2385 Installations techniques, matériel et outillage industriels
  - ● D 2388 Autres immobilisations corporelles

● D 24 BIENS REÇUS PAR LEGS OU DONATIONS DESTINÉS À ÊTRE CÉDÉS

● D 25 (PARTS DANS DES ENTREPRISES LIÉES ET CRÉANCES SUR DES ENTREPRISES LIÉES)

● ● D 26 PARTICIPATIONS ET CRÉANCES RATTACHÉES À DES PARTICIPATIONS

- ● D 261 Titres de participation
  - ● D 2611 Actions
  - ● D 2618 Autres titres
- ● D 266 Autres formes de participation
- ● ● D 267 Créances rattachées à des participations
  - ● D 2671 Créances rattachées à des participations (groupe)
  - ● D 2674 Créances rattachées à des participations (hors-groupe)
  - ● D 2675 Versements représentatifs d'apports non capitalisés (appel de fonds)
  - ● D 2676 Avances consolidables
  - ● D 2677 Autres créances rattachées à des participations
  - ● ● D 2678 Intérêts courus
- ● ● D 268 Créances rattachées à des sociétés en participation
  - ● D 2681 Principal
  - ● ● D 2688 Intérêts courus
- ● C 269 Versements restant à effectuer sur titres de participation non libérés

● ● D 27 AUTRES IMMOBILISATIONS FINANCIÈRES

- ● D 271 Titres immobilisés autres que les titres immobilisés de l'activité de portefeuille (droit de propriété)
  - ● D 2711 Actions
  - ● D 2718 Autres titres
- ● D 272 Titres immobilisés (droit de créance)
  - ● D 2721 Obligations
  - ● D 2722 Bons
- ● D 273 Titres immobilisés de l'activité de portefeuille
- ● D 274 Prêts
  - ● D 2741 Prêts participatifs
  - ● D 2742 Prêts aux partenaires
  - ● D 2743 Prêts au personnel
  - ● D 2748 Autres prêts
- ● D 275 Dépôts et cautionnements versés
  - ● D 2751 Dépôts
  - ● D 2755 Cautionnements
- ● ● D 276 Autres créances immobilisées

● D 2761 Créances diverses
● D 2768 Intérêts courus
● D 27682 sur titres immobilisés (droit de créance)
● D 27684 sur prêts
● D 27685 sur dépôts et cautionnements
● D 27688 sur créances diverses
● C **279 Versements à effectuer sur titres immobilisés non libérés**

● C 28 AMORTISSEMENTS DES IMMOBILISATIONS

● C **280 Amortissements des immobilisations incorporelles**
● C 2801 Frais d'établissement (même ventilation que 201)
● C 2803 Frais de recherche et de développement
● C 2804 Donations temporaires d'usufruit
● C 2805 Concessions et droits similaires, brevets, licences, logiciels, droits et valeurs similaires
● C 2806 Amortissements du droit au bail
● C 2807 Fonds commercial
● C 2808 Autres immobilisations incorporelles
● C **281 Amortissements des immobilisations corporelles**
● C 2811 Terrains et gisements
● C 2812 Agencements, aménagements de terrains (même ventilation que le 212)
● C 2813 Constructions (même ventilation que le 213)
● C 2814 Constructions sur sol d'autrui (même analyse que 214)
● C 2815 Installations techniques, matériel et outillage industriels (même ventilation que le 215)
● C 2818 Autres immobilisations corporelles (même ventilation que le 218)

● C 29 DÉPRÉCIATIONS DES IMMOBILISATIONS

● C **290 Dépréciations des immobilisations incorporelles**
● C 2905 Marques, procédés, droits et valeurs similaires
● C 2906 Droit au bail
● C 2907 Fonds commercial
● C 2908 Autres immobilisations incorporelles
● C **291 Dépréciations des immobilisations corporelles (même analyse que le 21)**
● C 2911 Terrains (autres que terrains et gisements)
● C **293 Dépréciations des immobilisations en cours**
● C 2931 Immobilisations corporelles en cours
● C 2932 Immobilisations incorporelles en cours
294 Dépréciations des biens reçus par legs destinés à être cédés
● C **296 Dépréciations des participations et créances rattachées à des participations**
● C 2961 Titres de participation
● C 2966 Autres formes de participation
● C 2967 Créances rattachées à des participations (même ventilation que le 268)
● C 2968 Créances rattachées à des sociétés en participation
● C **297 Dépréciations des autres immobilisations financières**
● C 2971 Titres immobilisés autres que les titres immobilisés de l'activité de portefeuille - droit de propriété (même ventilation que le 271)
● C 2972 Titres immobilisés - droit de créance (même ventilation que le 272)
● C 2973 Titres immobilisés de l'activité de portefeuille
● C 2974 Prêts (même ventilation que le 274)
● C 2975 Dépôts et cautionnements versés (même ventilation que le 275)
● C 2976 Autres créances immobilisées (même ventilation que le 276)

Classe 3 COMPTES DE STOCKS ET EN-COURS

- D **31 MATIÈRES PREMIÈRES (ET FOURNITURES)**
- D **311 Matières (ou groupe) A**
- D **312 Matières (ou groupe) B**
- D **317 Fournitures, A, B, C…**
- D **32 AUTRES APPROVISIONNEMENTS**
- D **321 Matières consommables**
- D 3211 Matières (ou groupe) C
- D 3212 Matières (ou groupe) D
- D **322 Fournitures consommables**
- D 3221 Combustibles
- D 3222 Produits d'entretien
- D 3223 Fournitures d'atelier
- D 3224 Fournitures de magasin
- D 3225 Fournitures de bureau
- D 3226 Carburants
- D 3227 Autres fournitures de matériel de transport
- D 3228 Petit outillage
- D **326 Emballages**
- D 3261 Emballages perdus
- D 3265 Emballages récupérables non identifiables
- D 3267 Emballages à usage mixte
- D **33 EN-COURS DE PRODUCTION DE BIENS**
- D **331 Produits en cours**
- D 3311 Produits en cours P1
- D 3312 Produits en cours P2
- D **335 Travaux en cours**
- D 3351 Travaux en cours T1
- D 3352 Travaux en cours T2
- D **34 EN-COURS DE PRODUCTION DE SERVICES**
- D **341 Études en cours**
- D 3411 Études en cours E1
- D 3412 Études en cours E2
- D **345 Prestations de services**
- D 3451 Prestations de services S1
- D 3452 Prestations de services S2
- D **35 STOCKS DE PRODUITS**
- D **351 Produits intermédiaires**
- D 3511 Produits intermédiaires (ou groupe) A
- D 3512 Produits intermédiaires (ou groupe) B
- D **355 Produits finis**
- D 3551 Produits finis (ou groupe) A
- D 3552 Produits finis (ou groupe) B
- D **358 Produits résiduels (ou matières de récupération)**
- D 3581 Déchets
- D 3585 Rebuts
- D 3586 Matières de récupération
- D **36 (STOCKS PROVENANT D'IMMOBILISATIONS)**
- D **37 STOCKS DE MARCHANDISES**
- D **371 Marchandises (ou groupe) A**

●	D	**372 Marchandises** (ou groupe) **B**
●	D	**38 STOCKS EN VOIE D'ACHEMINEMENT, MISE EN DÉPÔT OU DONNÉS EN CONSIGNATION (emploi exceptionnel - à détailler par nature)**
●	C	**39 DÉPRÉCIATIONS DES STOCKS ET EN-COURS**
●	C	**391 Provisions pour dépréciation des matières premières** (et fournitures)
●	C	3911 Matières (ou groupe) A
●	C	3912 Matières (ou groupe) B
●	C	3917 Fournitures A, B, C...
●	C	**392 Dépréciations des autres approvisionnements**
●	C	3921 Matières consommables (même ventilation que le 321)
●	C	3922 Fournitures consommables (même ventilation que le 322)
●	C	3926 Emballages (même ventilation que le 326)
●	C	**393 Dépréciations des en-cours de production de biens**
●	C	3931 Produits en cours (même ventilation que le 331)
●	C	3935 Travaux en cours (même ventilation que le 335)
●	C	**394 Dépréciations des en-cours de production de services**
●	C	3941 Études en cours (même ventilation que le 341)
●	C	3945 Prestations de services en cours (même ventilation que la 345)
●	C	**395 Dépréciations des stocks de produits**
●	C	3951 Produits intermédiaires (même ventilation que le 351)
●	C	3955 Produits finis (même ventilation que le 355)
●	C	**397 Dépréciations des stocks de marchandises**
●	C	3971 Marchandise (ou groupe) A
●	C	3972 Marchandise (ou groupe) B

Classe 4 COMPTES DE TIERS

		40 FOURNISSEURS ET COMPTES RATTACHÉS
●●		**400** Fournisseurs et comptes rattachés
●	D/C	**401** Fournisseurs
●	D/C	4011 Fournisseurs - Achats de biens ou de prestations de services
●	C	4017 Fournisseurs - Retenues de garantie
●	C	**403 Fournisseurs - Effets à payer**
●	C	**404 Fournisseurs - Achats d'immobilisations**
●	C	4041 Fournisseurs - Achats d'immobilisations
●	C	4047 Fournisseurs d'immobilisations - Retenues de garantie
●	C	**405 Fournisseurs d'immobilisations - Effets à payer**
●●	C	**408 Fournisseurs - Factures non parvenues**
●	C	4081 Fournisseurs
●	C	4084 Fournisseurs d'immobilisations
●	C	4088 Fournisseurs - Intérêts courus
●	D	**409 Fournisseurs débiteurs**
●	D	4091 Fournisseurs - Avances et acomptes versés sur commandes
●	D	4096 Fournisseurs - Créances pour emballages et matériel à rendre
●		4097 Fournisseurs - Autres avoirs
●	D	40971 Fournisseurs d'exploitation
●	D	40974 Fournisseurs d'immobilisations
●	D	4098 Rabais, remises, ristournes à obtenir et autres avoirs non encore reçus
●		**41 CLIENTS, ADHÉRENTS, USAGERS ET COMPTES RATTACHÉS**
●●		**410 Usagers et comptes rattachés**
●	D/C	**411 Usagers** (clients)
●	D/C	4111 Usagers - Ventes de biens ou de prestations de services

●	D	4117 Usagers - retenues de garantie
●	D	**413 Usagers - Effets à recevoir**
●	D	**416 Créances douteuses ou litigieuses**
●●	D	**418 Usagers - Produits non encore facturés**
●	D	4181 Usagers - factures à établir
●	D	4188 Usagers - intérêts courus
●	C	**419 Usagers créditeurs**
●	C	4191 Usagers - Avances et acomptes reçus sur commandes
●	C	4196 Usagers - Dettes pour emballages et matériels consignés
●	C	4197 Usagers - autres avoirs
●	C	4198 Rabais, remises, ristournes à accorder et autres avoirs à établir

●● 42 PERSONNEL ET COMPTES RATTACHÉS

●●	C	**421 Personnel - Rémunérations dues**
●	D/C	**422 Comité d'entreprise, d'établissement, etc.**
●	C	**424 Participation des salariés aux résultats**
●	C	4246 Réserve spéciale
		4248 Comptes courants
●	D	**425 Personnel - Avances et acomptes**
●	C	**426 Personnel - Dépôts**
●	C	**427 Personnel - Oppositions**
●●		**428 Personnel - Charges à payer et produits à recevoir**
●	C	4282 Dettes provisionnées pour congés à payer
●		4284 Dettes provisionnées pour participation des salariés aux résultats
●	C	4286 Autres charges à payer
●	D	4287 Produits à recevoir

43 SÉCURITÉ SOCIALE ET AUTRES ORGANISMES SOCIAUX

●	C	**431 Sécurité sociale**
●	C	**437 Autres organismes sociaux**
●		**438 Organismes sociaux - Charges à payer et produits à recevoir**
●	C	4382 Charges sociales sur congés à payer
●	C	4386 Autres charges à payer
●	D	4387 Produits à recevoir

44 ÉTAT ET AUTRES COLLECTIVITÉS PUBLIQUES

●	D	**441 État - Subventions à recevoir**
●	D	4411 Subventions d'investissement
●	D	4417 Subventions d'exploitation
●	D	4418 Subventions d'équilibre
●	C	4419 Avances sur subventions
●		**442 État - Impôts et taxes recouvrables sur des tiers**
●		4424 Obligataires
●		4425 Associés
●	D/C	**443 Opérations particulières avec l'État, les collectivités publiques, les organismes internationaux**
●		4431 Créances sur l'Etat - TVA
●		4438 Intérêts courus sur créances figurant au compte 4431
●	D/C	**444 État - Impôts sur les bénéfices**
●		**445 État - Taxes sur le chiffre d'affaires à décaisser**
●		4452 TVA due intracommunautaire
●	C	4455 Taxe sur le chiffre d'affaires
●	C	44551 TVA à décaisser
●	C	44558 Taxes assimilées à la TVA

Sens	Compte
D	4456 Taxes sur le chiffre d'affaires déductibles
D	44562 TVA sur immobilisations
D	44563 TVA transférée par d'autres entreprises
D	44566 TVA sur autres biens et services
D	44567 Crédit de TVA à reporter
D	44568 Taxes assimilées à la TVA
C	4457 Taxes sur le chiffre d'affaires collectées par l'association (ou fondation)
C	44571 TVA collectée
C	44578 Taxes assimilées à la TVA
D/C	4458 Taxes sur le chiffre d'affaires à régulariser ou en attente
	44581 Acomptes - Régime simplifié d'imposition
	44582 Acomptes - Régime du forfait
D	44583 Taxes sur le chiffre d'affaires à régulariser ou en attente - Actif - Remboursement de TVA demandé - TVA sur factures non parvenues
C	44584 Taxes sur le chiffre d'affaires à régulariser ou en attente - Passif - TVA récupérée d'avance - TVA sur facture à établir (si le fait générateur n'est pas intervenu)
	446 Obligations cautionnées
C	**447 Autres impôts, taxes et versements assimilés**
	448 État - charges à payer et produits à recevoir
C	4482 Charges fiscales sur congés à payer
C	4486 Charges à payer
D	4487 Produits à recevoir
	449 Quotas d'émissions à restituer à l'Etat

D/C 45 CONFÉDÉRATION, FÉDÉRATION, UNIONS, ENTITÉS AFFILIÉES

Sens	Compte
D/C	**451 Confédération - Fédération - Unions - Associations affiliées**
D/C	**455 Partenaires - comptes courants**
C	4551 Principal
C	4558 Intérêts courus
D/C	**458 Sociétaires - Opérations faites en commun et en GIE**
D/C	4581 Opérations courantes
D/C	4588 Intérêts courus

46 DÉBITEURS DIVERS ET CRÉDITEURS DIVERS

Sens	Compte
D	**461 Créances reçues par legs ou donations**
D	**462 Créances sur cessions d'immobilisations**
C	**464 Dettes sur acquisitions de valeurs mobilières de placement**
D	**465 Créances sur cessions de valeurs mobilières de placement**
C	**466 Dettes des legs ou donations**
D/C	**467 Autres comptes débiteurs ou créditeurs divers**
D/C	**468 Divers - Charges à payer et produits à recevoir**
D/C	4681 Frais des bénévoles
C	4686 Charges à payer
D	4687 Produits à recevoir

47 COMPTES TRANSITOIRES OU D'ATTENTE

Sens	Compte
	471 Comptes d'attente
	474 Apports en cours de réalisation
	478 Autres comptes transitoires

48 COMPTES DE RÉGULARISATION

Sens	Compte
	481 Charges à répartir sur plusieurs exercices
D	4816 Frais d'émission d'emprunts

●●●	D	**486 Charges constatées d'avance**
●●	C	**487 Produits constatés d'avance**
		488 Comptes de répartition périodique des charges et produits
		4886 Charges
		4887 Produits
		489 Quotas d'émissions alloués par l'Etat

49 DÉPRÉCIATION DES COMPTES DE TIERS

●●	C	**491 Dépréciation des comptes d'usagers**
●	C	**495 Dépréciation des comptes de confédération, fédération, unions, associations affiliées, adhérents,…**
●	C	4951 Confédération - Fédération - Unions - Associations affiliées
●	C	4955 Sociétaires - Comptes courants
●	C	4958 Sociétaires - Opérations faites en commun et en GIE
●	C	**496 Dépréciation des comptes de débiteurs divers**
●	C	4962 Créances sur cessions d'immobilisations
●	C	4965 Créances sur cessions de valeurs mobilières de placement
●	C	4967 Autres comptes débiteurs

Classe 5 COMPTES FINANCIERS

● 50 VALEURS MOBILIÈRES DE PLACEMENT

● ●	D	**501 Parts dans les entreprises liées**
● ●	D	**502 Actions propres**
● ●	D	**503 Actions**
● ●	D	5031 Titres cotés
● ●	D	5035 Titres non cotés
● ●	D	**504 Autres titres conférant un droit de propriété**
● ●	D	**506 Obligations**
● ●	D	5061 Titres cotés
● ●	D	5065 Titres non cotés
● ●	D	**507 Bons du Trésor et bons de caisse à court terme**
● ●	D	**508 Autres valeurs mobilières et autres créances assimilées**
●	D	5081 Autres valeurs mobilières
●	D	5082 Bons de souscription
●	D	5088 Intérêts courus sur obligations, bons et valeurs assimilées
●	C	**509 Versements restant à effectuer sur valeurs mobilières de placement non libérées**

● D/C 51 BANQUES, ÉTABLISSEMENTS FINANCIERS ET ASSIMILES

●	D	**511 Valeurs à l'encaissement**
●	D	5111 Coupons échus à l'encaissement
●	D	5112 Chèques à encaisser
●	D	5113 Effets à l'encaissement
●	D	5114 Effets à l'escompte
●	D/C	**512 Banques**
●	D/C	5121 Comptes en monnaie nationale
●	D/C	5124 Comptes en devises
●	D	**514 Chèques postaux**
●	D	**515 "Caisses" du Trésor et des établissements publics**
●	D	**516 Sociétés de Bourse**
●	D/C	**517 Autres organismes financiers**
●	D/C	**518 Intérêts courus**
●	C	5181 Intérêts courus à payer

● D 5188 Intérêts courus à recevoir
● C **519 Concours bancaires courants**
● C 5191 Crédit de mobilisation de créances commerciales (CMCC)
● C 5193 Mobilisation de créances nées à l'étranger
● C 5198 Intérêts courus sur concours bancaires courants

● D/C **52 INSTRUMENTS DE TRÉSORERIE**
● **521 Instruments financiers à terme**
● **522 Jetons détenus**
● **523 Jetons auto-détenus**

● D **53 CAISSE**
● D **531 Caisse siège social**
● D 5311 Caisse en monnaie nationale
● D 5314 Caisse en devises
● D **532 Caisse - établissement ou activité A**
● **533 Caisse - établissement ou activité B**

● D **54 RÉGIES D'AVANCES ET ACCRÉDITIFS**

● D/C **58 VIREMENTS INTERNES**

● C **59 DÉPRÉCIATIONS DES COMPTES FINANCIERS**
● ● C **590 Dépréciations des valeurs mobilières de placement**
● ● C 5903 Actions
● ● C 5904 Autres titres conférant un droit de propriété
● ● C 5906 Obligations
● ● C 5908 Autres valeurs mobilières et créances assimilées

Classe 6 COMPTES DE CHARGES

D **60 ACHATS**
601 Achats stockés - Matières premières (et fournitures)
6011 Matières (ou groupe) A
6012 Matières (ou groupe) B
6017 Fournitures A, B, C,...
602 Achats stockés - Autres approvisionnements
6021 Matières consommables
60211 Matières (ou groupe) C
60212 Matières (ou groupe) D
6022 Fournitures consommables
60221 Combustibles
60222 Produits d'entretien
60223 Fournitures d'atelier et d'usine
60224 Fournitures de magasin
60225 Fournitures de bureau
60226 Carburants
60227 Autres fournitures de matériel
60228 Petit outillage
6026 Emballages
60261 Emballages perdus
60265 Emballages récupérables non identifiables
60267 Emballages à usage mixte
D/C **603 Variations des stocks (approvisionnements et marchandises)**
D/C 6031 Variation des stocks de matières premières (et fournitures)
D/C 6032 Variation des stocks des autres approvisionnements

BILAN

	ACTIF	Exercice N – Racines	Exercice N – Amortissements et dépréciations (à déduire)	Exercice N-1 Net
ACTIF IMMOBILISE	**Immobilisations incorporelles**			
	Frais d'établissement	201	2801	
	Frais de recherche et de développement	203	2803	
	Donations temporaires d'usufruit	204		
	Concessions, brevets, licences, marques, procédés, logiciels, droits et valeurs similaires	205 - 206	2805 - 2905	
	Autres immobilisations incorporelles	207 - 208	2807 - 2808	
	Immobilisations incorporelles en cours	232	2932	
	Avances et acomptes	237		
	Immobilisations corporelles			
	Terrains	211 - 212	2811 - 2812	
	Constructions	213 - 214	2813 - 2814	
	Installations techniques, matériel et outillage industriels	215	2815	
	Autres immobilisations corporelles	218	2818	
	Immobilisations corporelles en cours	231	2931	
	Avances et acomptes	238		
	Bien reçus par legs ou donations destinés à être cédés	24	294	
	Immobilisations financières			
	Participations et créances rattachées	25 - 26	296	
	Autres titres immobilisés	271 - 272 - 273	297	
	Prêts	274	297	
	Autres	236 - 275 - 276	297	
	TOTAL I			
ACTIF CIRCULANT	**Stocks et en-cours**	31 - 32 - 33 - 34 - 35 - 36 - 37 - 38		
	Avances et acomptes versés sur commandes	4091		
	Créances			
	Créances clients, usagers et comptes rattachés	410 - 411 - 413 - 416 - 418		
	Créances reçues par legs ou donations	461		
	Autres	18 - 401 - 422 - 425 - 428 - 441 - 443 - 444 - 445 - 448 - 455 - 458 - 462 - 465 - 467 - 468		
	Valeurs mobilières de placement	500 - 501 - 502 - 503 - 504 - 506 - 507 - 508 - 509		
	Instruments de trésorerie	52		
	Disponibilités	511 - 512 - 514 - 515 - 516 - 517 - 5187 - 53 - 54		
	Charges constatées d'avance	486		
	TOTAL II			
	Frais d'émission d'emprunt (III)			
	Primes de remboursement des emprunts (IV)			
	Écarts de conversion - Actif (V)			
	TOTAL GÉNÉRAL (I + II + III + IV + V)			

	PASSIF	Exercice N	Exercice N-1
FONDS PROPRES	**Fonds propres sans droit de reprise**		
	Fonds propres statutaires	1021 - 1022 - 10231	
	Fonds propres complémentaires	10232 - 1024	
	Fonds propres avec droit de reprise		
	Fonds statutaires	1032	
	Fonds propres complémentaires	1034	
	Écarts de réévaluation	1051 - 1052	
	Réserves		
	Réserves statutaires ou contractuelles	1062 - 1063 - 1064	
	Réserves pour projet de l'entité	1068	
	Autres		
	Report à nouveau	110 - 119	
	Excédent ou déficit de l'exercice		
	Situation nette (sous-total)		
	Fonds propres consomptibles	108	
	Subventions d'investissement	13	
	Provisions réglementées	14	
	TOTAL I		
FONDS REPORTÉS ET DÉDIÉS	Fonds reportés liés aux legs ou donations	191	
	Fonds dédiés	194 - 195 - 196	
	TOTAL II		
PROVISIONS	**Provisions pour risques**	151	
	Provisions pour charges	153 - 155 - 156 - 157 - 158	
	TOTAL III		
DETTES	Emprunts obligataires et assimilés (titres associatifs)	161 - 162 - 163	
	Emprunts et dettes auprès des établissements de crédit	164 16884 - 511 - 512 - 514 - 517 - 5186 - 519	
	Emprunts et dettes financières diverses	165- 166 - 167 - 168 - 17 - 426	
	Avances et acomptes reçus sur commandes en cours	419	
	Dettes Fournisseurs et Comptes rattachés	401 -403 - 408	
	Dettes des legs ou donations	466	
	Dettes fiscales et sociales	421 - 422 - 424 - 427 - 428 - 431 - 437 - 438 - 44	
	Dettes sur immobilisations et comptes rattachés	404	
	Autres dettes	18 - 411 - 419 - 451 - 455 - 464 - 467 - 468 - 509	
	Instruments de trésorerie	52	
	Produits constatés d'avance	487	
	TOTAL IV		
	Écarts de conversion Passif (V)	477	
	TOTAL GÉNÉRAL (I + II + III + IV)		

COMPTE DE RÉSULTAT

	Exercice N	Exercice N-1
PRODUITS D'EXPLOITATION :		
Cotisations	756	
Ventes de biens et services		
Ventes de biens	701 - 702 - 703 - 707 - 709 - 713 - 772	
dont ventes de dons en nature	7073	
Ventes de prestations	705 - 706 - 708 - 709 - 7134 - 772	
dont parrainages	7063	
Produits de tiers financeurs		
Concours publics et subventions d'exploitation	73 - 74	
Versements des fondateurs ou consommations de la dotation consomptible	753	
Ressources liées à la générosité du public		
Dons manuels	7541	
Mécénats	7542	
Legs, donations et assurances-vie	7543 - 7754 - 78164 - 7891 - 6754 - 68164 - 6891	
Contributions financières	755	
Reprises sur amortissements, dépréciations, provisions et transferts de charges	78 - 791	
Utilisations des fonds dédiés	7894 - 7895 - 7896	
Autres produits	751 - 752 - 75433 - 758 - 772	
TOTAL I	X	X
CHARGES D'EXPLOITATION :		
Achats de marchandises	601 - 602 - 607 - 608 - 609 - 672	
Variation de stock	603	
Autres achats et charges externes	604 - 605 - 606 - 61 - 62 - 672	
Aides financières	657	
Impôts, taxes et versements assimilés	63	
Salaires et traitements	641 - 648	
Charges sociales	645 -647 - 649	
Dotations aux amortissements et aux dépréciations	681	
Dotations aux provisions	6815	
Reports en fonds dédiés	6894 -6895 - 6896	
Autres charges	651 - 653 - 654 - 658 - 672	
TOTAL II	X	X
1. RÉSULTAT D'EXPLOITATION (I -II)		
PRODUITS FINANCIERS :		
De participation	761	
D'autres valeurs mobilières et créances de l'actif immobilisé	762	
Autres intérêts et produits assimilés	763 - 765 - 768	
Reprises sur provisions, dépréciations et transferts de charge	786 - 796	

	Exercice N	Exercice N-1
Différences positives de change	766	
Produits nets sur cessions de valeurs mobilières de placement	767	
TOTAL III	X	X
CHARGES FINANCIÈRES :		
Dotations aux amortissements, aux dépréciations et aux provisions	686	
Intérêts et charges assimilées	661 - 664 - 665 - 668	
Différences négatives de change	666	
Charges nettes sur cessions de valeurs mobilières de placement	667	
TOTAL IV	X	X
2. RÉSULTAT FINANCIER (III - IV)		
3. RÉSULTAT COURANT avant impôts (I - II + III - IV)		
PRODUITS EXCEPTIONNELS		
Sur opérations de gestion	771	
Sur opérations en capital	775 - 777 - 778	
Reprises sur provisions, dépréciations et transferts de charges	787 - 797	
TOTAL V	X	X
CHARGES EXCEPTIONNELLES :		
Sur opérations de gestion	671	
Sur opérations en capital	675 - 678	
Dotations aux amortissements, aux dépréciations et aux provisions	687	
TOTAL VI	X	X
4. RÉSULTAT EXCEPTIONNEL (V - VI)		
Participation des salariés aux résultats (VII)	691	X
Impôts sur les bénéfices (VIII)	695	X
Total des produits (I + III + V)	X	X
Total des charges (II + IV + VI + VII + VIII)	X	X
EXCÉDENT OU DÉFICIT	X	X
CONTRIBUTIONS VOLONTAIRES EN NATURE		
Dons en nature	870	
Prestations en nature	871	
Bénévolat	875	
TOTAL		
CHARGES DES CONTRIBUTIONS VOLONTAIRES EN NATURE		
Secours en nature	860	
Mise à disposition gratuite de biens	861	
Prestations en nature	862	
Personnel bénévole	864	
TOTAL		

D/C 6037 Variation des stocks de marchandises

604 Achats d'études et prestations de services

605 Achats de matériel, équipements et travaux

606 Achats non stockés de matières et fournitures

6061 Fournitures non stockables (eau-énergie…)

6063 Fournitures d'entretien et de petit équipement

6064 Fournitures administratives

6066 Carburants

6067 Autres fournitures et matériel de transport (voir remarque A)

6068 Autres matières et fournitures

607 Achats de marchandises

6071 Marchandises (ou groupe) A

6072 Marchandises (ou groupe) B

608 Frais accessoires d'achats (voir remarque B)

6081 Frais accessoires sur achats de matières premières

6082 Frais accessoires sur achats d'autres approvisionnements stockés

6085 Frais accessoires sur achats de matériels et équipements

6086 Frais accessoires sur achats non stockés de matières et fournitures

6087 Frais accessoires sur achats de marchandises

C **609 Rabais, remises, ristournes obtenus sur achats**

C 6091 de matières premières et de fournitures

C 6092 d'autres approvisionnements stockés

C 6094 d'études et de prestations de services

C 6095 de matériel, équipements et travaux

C 6096 d'approvisionnements non stockés

C 6097 de marchandises

C 6098 Rabais, remises et ristournes non affectés

61 SERVICES EXTÉRIEURS

611 Sous-traitance générale

612 Redevances de crédit-bail

6122 Crédit-bail immobilier

6125 Crédit-bail mobilier

613 Locations

6132 Locations immobilières

6135 Locations mobilières

6136 Malis sur emballages

614 Charges locatives et de co-propriété

615 Entretien et réparations

6152 sur biens immobiliers

6155 sur biens mobiliers

6156 Maintenance

616 Primes d'assurances

6161 Multirisques

6162 Assurance obligatoire de dommage-construction

6163 Assurance transport

61636 sur achats

61637 sur ventes

61638 sur autres biens

6164 Risques d'exploitation

6165 Insolvabilité usagers

6168 Autres assurances

617 Études et recherches

618 Divers

- 6181 Documentation générale
- 6183 Documentation technique
- 6185 Frais de colloques, séminaires, conférences

C **619 Rabais, remises et ristournes obtenus sur services extérieurs**

62 AUTRES SERVICES EXTÉRIEURS

621 Personnel extérieur à l'association (ou fondation)

- 6211 Personnel intérimaire
- 6214 Personnel détaché ou prêté à l'association

622 Rémunérations d'intermédiaires et honoraires

- 6221 Commissions et courtages sur achats
- 6222 Commissions et courtages sur ventes
- 6224 Rémunérations des transitaires
- 6225 Rémunérations d'affacturage
- 6226 Honoraires
  - 62264 Honoraires sur legs ou donations destinés à être cédés
- 6227 Frais d'actes et de contentieux
- 6228 Divers

623 Publicité, publications, relations publiques

- 6231 Annonces et insertions
- 6232 Échantillons
- 6233 Foires et expositions
- 6234 Cadeaux aux usagers
- 6235 Primes (concours…)
- 6236 Catalogues et imprimés
- 6237 Publications
- 6238 Divers (pourboires, dons courants…)

624 Transports de biens et transports collectifs du personnel

- 6241 Transports sur achats
- 6242 Transports sur ventes
- 6243 Transports entre établissements ou chantiers
- 6244 Transports administratifs
- 6247 Transports collectifs du personnel
- 6248 Divers

625 Déplacements, missions et réceptions

- 6251 Voyages et déplacements
- 6255 Frais de déménagement
- 6256 Missions
- 6257 Réceptions

626 Frais postaux et frais de télécommunications

627 Services bancaires et assimilés

- 6271 Frais sur titres (achat, vente, garde)
- 6272 Commissions et frais sur émission d'emprunts
- 6275 Frais sur effets
- 6276 Locations de coffres
- 6278 Autres frais et commissions sur prestations de service

628 Divers

- 6281 Concours divers (cotisations…)
- 6284 Frais de recrutement de personnel

C **629 Rabais, remises et ristournes obtenus sur autres services extérieurs**

63 IMPÔTS, TAXES ET VERSEMENTS ASSIMILES

631 Impôts, taxes et versements assimilés sur rémunérations (administration des impôts)

- 6311 Taxe sur salaires
- 6312 Taxe d'apprentissage
- 6313 Participation des employeurs à la formation professionnelle continue
- 6314 Cotisation pour défaut d'investissement obligatoire dans la construction
- 6318 Autres

633 Impôts, taxes et versements assimilés sur rémunérations (autres organismes)

- 6331 Versement de transport
- 6332 Allocation logement
- 6333 Participation des employeurs à la formation professionnelle continue
- 6334 Participation des employeurs à l'effort de construction
- 6335 Versements libératoires ouvrant droit à l'exonération de la taxe d'apprentissage
- 6338 Autres

635 Autres impôts, taxes et versements assimilés (administration des impôts)

- 6351 Impôts directs (sauf impôts sur les sociétés)
  - 63511 Taxe professionnelle
  - 63512 Taxes foncières
  - 63513 Autres impôts locaux
- 6352 Taxes sur le chiffre d'affaires non récupérables
- 6353 Impôts indirects
- 6354 Droits d'enregistrement et de timbre
  - 63541 Droits de mutation
- 6358 Autres droits

637 Autres impôts, taxes et versements assimilés (autres organismes)

- 6371 Contribution sociale de solidarité à la charge des sociétés
- 6372 Taxes perçues par les organismes publics internationaux
- 6374 Impôts et taxes exigibles à l'étranger
- 6378 Taxes diverses

64 CHARGES DE PERSONNEL

641 Rémunération du personnel

- 6411 Salaires, appointements
- 6412 Congés payés
- 6413 Primes et gratifications
- 6414 Indemnités et avantages divers
- 6415 Supplément familial

645 Charges de sécurité sociale et prévoyance

- 6451 Cotisations à l'URSSAF
- 6452 Cotisations aux mutuelles
- 6453 Cotisations aux caisses de retraites
- 6454 Cotisations aux ASSEDIC
- 6458 Cotisation aux autres organismes sociaux

647 Autres charges sociales

- 6471 Prestations directes
- 6472 Versements aux comités d'entreprise et d'établissement
- 6473 Versements aux comités d'hygiène et de sécurité
- 6474 Versements aux autres œuvres sociales
- 6475 Médecine du travail, pharmacie

648 Autres charges de personnel

C 649 Remboursements d'organismes sociaux

65 AUTRES CHARGES DE GESTION COURANTE

651 Redevances pour concessions, brevets, licences, procédés, droits et valeurs similaires

- 6511 Redevances pour concessions, brevets, licences, marques, procédés
- 6516 Droits d'auteur et de reproduction
- 6518 Autres droits et valeurs similaires

653 Charges de la générosité du public

- 6531 Autres charges sur legs ou donations

654 Pertes sur créances irrécouvrables

- 6541 Créances de l'exercice
- 6544 Créances des exercices antérieurs

655 Quote-part de frais et résultat sur opérations faites en commun

- 6551 Quote-part de bénéfice transférée (compte du gérant)
- 6555 Quote-part de perte supportée (comptabilité des associés non gérants)

656 Pertes de change sur créances et dettes d'exploitation

657 Aides financières

- 6571 Aides financières octroyées
- 6572 Quotes-parts de générosité reversée

658 Charges diverses de gestion courante

66 CHARGES FINANCIÈRES

661 Charges d'intérêts

- 6611 Intérêts des emprunts et dettes
  - 66116 Intérêts des emprunts et dettes assimilés
  - 66117 Intérêts des dettes rattachées à des participations
- 6615 Intérêts des comptes courants et des dépôts créditeurs
- 6616 Intérêts bancaires et sur opérations de financement (escompte)
- 6617 Intérêts des obligations cautionnées
- 6618 intérêts des autres dettes
  - 66181 des dettes commerciales
  - 66188 des dettes diverses

664 Pertes sur créances liées à des participations

665 Escomptes accordés

666 Pertes de change

667 Charges nettes sur cessions de valeurs mobilières de placement

668 Autres charges financières

67 CHARGES EXCEPTIONNELLES

671 Charges exceptionnelles sur opérations de gestion

- 6711 Pénalités sur marchés (et crédits payés sur achats et ventes)
- 6712 Pénalités, amendes fiscales et pénales
- 6713 Dons et libéralités
- 6714 Créances devenues irrécouvrables dans l'exercice
- 6715 Subventions accordées
- 6717 Rappels d'impôts (autres qu'impôts sur les bénéfices)
- 6718 Autres charges exceptionnelles sur opérations de gestion

672 Charges sur exercices antérieurs

- 6720 Achats et réductions sur achats concernant des exercices antérieurs
  - 67201 Achats de matières premières concernant des exercices antérieurs
  - 67202 Achats d'autres approvisionnements concernant des exercices antérieurs
  - 67204 Achats d'études et prestations de services concernant des exercices antérieurs

______ 67205 Achats de matériel, équipements et travaux concernant des exercices antérieurs
______ 67206 Achats non stockés de matières et fournitures concernant des exercices antérieurs
______ 67207 Achats de marchandises concernant des exercices antérieurs
______ 6721 Services extérieurs concernant des exercices antérieurs (autres que crédit-bail)
______ 6722 Autres services extérieurs concernant des exercices antérieurs
______ 67221 Personnel extérieur concernant des exercices antérieurs
______ 67228 Autres services extérieurs concernant des exercices antérieurs
______ 6723 Impôts, taxes et versements assimilés concernant des exercices antérieurs
______ 67231 Impôts, taxes et versements assimilés sur rémunérations concernant des exercices antérieurs
______ 67235 Autres impôts, taxes et versements assimilés concernant des exercices antérieurs
______ 6724 Charges de personnel concernant des exercices antérieurs
______ 67241 Rémunérations concernant des exercices antérieurs
______ 67245 Autres charges de personnel concernant des exercices antérieurs
______ 6725 Autres charges de gestion courante concernant des exercices antérieurs
______ 67255 Quote-part de résultat sur opérations faites en commun concernant des exercices antérieurs
______ 67258 Autres charges de gestion courante concernant des exercices antérieurs
______ 6726 Charges financières concernant des exercices antérieurs
______ 67261 Intérêts et charges assimilées concernant des exercices antérieurs
______ 67266 Pertes de change concernant des exercices antérieurs

______ 673 Apports ou affectations en numéraire

______ 6732 Crédit-bail immobilier concernant des exercices antérieurs
______ 6735 Crédit-bail mobilier concernant des exercices antérieurs

______ 675 Valeurs comptables des éléments d'actif cédés

______ 6751 Immobilisations incorporelles
______ 6752 Immobilisations corporelles
______ 6754 Immobilisations reçues par legs ou donations
______ 6756 Immobilisations financières
______ 6758 Autres éléments d'actif

______ 678 Autres charges exceptionnelles

______ 6781 Malis provenant de clauses d'indexation
______ 6782 Lots
______ 6783 Malis provenant du rachat par l'entreprise d'actions et obligations émises par elle-même
______ 6788 Charges exceptionnelles diverses
______ *67881 Aides financières exceptionnelles octroyées

______ 68 DOTATIONS AUX AMORTISSEMENTS, DÉPRÉCIATIONS, PROVISIONS, ENGAGEMENTS

______ 681 Dotations aux amortissements, dépréciations et provision - Charges d'exploitation

______ 6811 Dotations aux amortissements des immobilisations incorporelles et corporelles
______ 68111 Immobilisations incorporelles
______ 68112 Immobilisations corporelles
______ 6812 Dotations aux amortissements des charges d'exploitation à répartir
______ 6815 Dotations aux provisions pour risques et charges d'exploitation
______ 6816 Dotations aux provisions pour dépréciation des immobilisations incorporelles et corporelles

______ 68161 Immobilisations incorporelles
______ 68162 Immobilisations corporelles
______ 68164 Dotations pour dépréciation d'actifs reçus par legs ou donations destinés à être cédés
______ 6817 Dotations aux provisions pour dépréciation des actifs circulants
______ 68173 Stocks et en-cours
______ 68174 Créances
______ **686 Dotations aux amortissements, dépréciations et provision - Charges financières**
______ 6861 Dotations aux amortissements des primes de remboursement des obligations
______ 6865 Dotations aux provisions pour risques et charges financiers
______ 6866 Dotations aux dépréciations des éléments financiers
______ 68662 Immobilisations financières
______ 68665 Valeurs mobilières de placement
______ 6868 Autres dotations
______ **687 Dotations aux amortissements, dépréciations et provisions - Charges exceptionnelles**
______ 6871 Dotations aux amortissements exceptionnels des immobilisations
______ 6872 Dotations aux provisions réglementées (immobilisations)
______ 68725 Amortissements dérogatoires
______ 6873 Dotations aux provisions réglementées (stocks)
______ 6874 Dotations aux autres provisions réglementées
______ 6875 Dotations aux provisions exceptionnelles
______ 6876 Dotations aux provisions pour dépréciations exceptionnelles
______ **689 Reports en fonds dédiés**
______ 6891 Reports en fonds reportés
______ 6893 Reports en fonds dédiés des fondations abritées
______ 6894 Reports en fonds dédiés sur subventions d'exploitation
______ 6895 Reports en fonds dédiés sur contributions financières d'autres organismes
______ 6896 Reports en fonds dédiés sur ressources liées à la générosité du public
______ *68961 Reports en fonds dédiés sur legs et donations
______ *68962 Reports en fonds dédiés sur dons
______ *68963 Reports en fonds dédiés sur mécénats

______ 69 PARTICIPATION DES SALARIÉS - IMPÔTS SUR LES BÉNÉFICES ET ASSIMILÉS

______ **691 Participation des salariés aux résultats**
______ **695 Impôt sur les sociétés des personnes morales non lucratives**
______ 6951 Impôts dus en France
______ 6952 Contribution additionnelle à l'impôt sur les bénéfices
______ 6954 Impôts dus à l'étranger
______ **698 Intégration fiscale**
______ 6981 Intégration fiscale - Charges
______ 6989 Intégration fiscale - Produits
______ C ______ **699 Produits - Report en arrière des déficits**

Classe 7 COMPTES DE PRODUITS

______ 70 VENTES DE PRODUITS FABRIQUES, PRESTATIONS DE SERVICES, MARCHANDISES

______ **701 Ventes de produits finis**
______ 7011 Produit fini (ou groupe) A
______ 7012 Produit fini (ou groupe) B
______ **702 Ventes de produits intermédiaires**

______ 703 Ventes de produits résiduels
______ 704 Travaux
______ 7041 Travaux de catégorie (ou activité) A
______ 7042 Travaux de catégorie (ou activité) B
______ 705 Études
______ 706 Ventes de prestations de services
______ 7063 Parrainages
______ 707 Ventes de marchandises
______ 7071 Marchandise (ou groupe) A
______ 7072 Marchandise (ou groupe) B
______ 7073 Ventes de dons en nature
______ 708 Produits des activités annexes
______ 7081 Produits de services exploités dans l'intérêt du personnel
______ 7082 Commissions et courtages
______ 7083 Locations diverses
______ 7084 Mise à disposition de personnel facturée
______ 7085 Ports et frais accessoires facturés
______ 7086 Bonis sur reprises d'emballages consignés
______ 7087 Bonifications obtenues des clients et primes sur ventes
______ 7088 Autres produits d'activités annexes (cessions d'approvisionnements...)
______ D ______ 709 Rabais, remises et ristournes accordés par l'association (ou fondation)
______ D ______ 7091 sur ventes de produits finis
______ D ______ 7092 sur ventes de produits intermédiaires
______ D ______ 7094 sur travaux
______ D ______ 7095 sur études
______ D ______ 7096 sur prestations de services
______ D ______ 7097 sur ventes de marchandises
______ D ______ 7098 sur produits des activités annexes

______ D/C 71 PRODUCTION STOCKÉE (OU DÉSTOCKAGE)
______ D/C ______ 713 Variations des stocks (en-cours de production, produits)
______ D/C ______ 7133 Variation des en-cours de production de biens
______ D/C ______ 71331 Produits en cours
______ D/C ______ 71335 Travaux en cours
______ D/C ______ 7134 Variation des en-cours de production de services
______ D/C ______ 71341 Études en cours
______ D/C ______ 71345 Prestations de services en cours
______ D/C ______ 7135 Variation des stocks de produits
______ D/C ______ 71351 Produits intermédiaires
______ D/C ______ 71355 Produits finis
______ D/C ______ 71358 Produits résiduels

______ 72 PRODUCTION IMMOBILISÉE
______ 721 Immobilisations incorporelles
______ 722 Immobilisations corporelles

______ 73 CONCOURS PUBLICS
______ 74 SUBVENTIONS D'EXPLOITATION

______ 75 AUTRES PRODUITS DE GESTION COURANTE
______ 751 Redevances pour concessions, brevets, licences, marques, procédés, droits et valeurs similaires
______ 7511 Redevances pour concessions, brevets, licences, marques, procédés, logiciels
______ 7516 Droits d'auteur et de reproduction

7518 Autres droits et valeurs similaires

752 Revenus des immeubles non affectés à des activités professionnelles

753 Versements des fondateurs ou consommation de la dotation

7531 Versements des fondateurs

7532 Quotes-parts de dotation consomptible virée au compte de résultat

754 Ressources liées à la générosité du public

7541 Dons manuels

75411 Dons manuels

*754111 Dons manuels dédiés

*754112 Dons manuels non dédiés

75412 Abandons de frais par les bénévoles

7542 Mécénats

*75421 Mécénats dédiés

*75422 Mécénats non dédiés

7543 Legs, donations et assurances vie

75431 Assurances vie

75432 Legs ou donations

*754321 Legs ou donations dédiés

*754322 Legs ou donations non dédiés

75433 Autres produits sur legs ou donations

755 Contributions financières

7551 Contributions financières d'autres organismes

*75511 Contributions financières dédiées

*75512 Contributions financières non dédiées

7552 Quotes-parts de générosité reçues

756 Cotisations

7561 Cotisations sans contrepartie

7562 Cotisations avec contrepartie

757 Gains de change sur créances et dettes d'exploitation

758 Produits divers de gestion courante

76 PRODUITS FINANCIERS

761 Produits des participations

7611 Revenus des titres de participation

7616 Revenus sur autres formes de participation

7617 Revenus des créances rattachées à des participations

762 Produits des autres immobilisations financières

7621 Revenus des titres immobilisés

7626 Revenus des prêts

7627 Revenus des créances immobilisées

763 Revenus des autres créances

7631 Revenus des créances commerciales

7638 Revenus des créances diverses

764 Revenus des valeurs mobilières de placement

765 Escomptes obtenus

766 Gains de change

767 Produits nets sur cessions de valeurs mobilières de placement

768 Autres produits financiers

77 PRODUITS EXCEPTIONNELS

771 Produits exceptionnels sur opérations de gestion

7711 Dédits et pénalités perçus sur achats et sur ventes

7714 Rentrées sur créances amorties

7715 Subventions d'équilibre

7717 Dégrèvements d'impôts autres qu'impôts sur les bénéfices

7718 Autres produits exceptionnels sur opérations de gestion

772 Produits sur exercices antérieurs

77256 Produits sur exercices antérieurs sur cotisations

77207 Ventes de biens sur exercices antérieurs

772073 Ventes de dons en nature sur exercices antérieurs

77206 Prestations de services sur exercices antérieurs

772063 Parrainages sur exercices antérieurs

7723 Concours publics sur exercices antérieurs

7724 Subventions sur exercices antérieurs

7725 Autres produits sur exercices antérieurs

7726 Produits financiers concernant des exercices antérieurs

77261 Produits des participations concernant des exercices antérieurs

77262 Produits des autres immobilisations financières concernant des exercices antérieurs

77263 Autres intérêts et produits assimilés

77266 Gains de change concernant des exercices antérieurs

775 Produits des cessions d'éléments d'actif

7751 Immobilisations incorporelles

7752 Immobilisations corporelles

7754 Immobilisations reçues en legs ou donations destinées à être cédées

7756 Immobilisations financières

7758 Autres éléments d'actif

777 Quote-part des subventions d'investissement virée au résultat de l'exercice

778 Autres produits exceptionnels

7781 Bonis provenant de clauses d'indexation

7782 Lots

7783 Bonis provenant du rachat par l'entreprise d'actions et obligations émises par elle-même

7788 Produits exceptionnels divers

77881 Dons manuels non dédiés

77882 Dons manuels dédiés

77883 Mécénats non dédiés

77884 Mécénats dédiés

77885 Legs et donations non dédiés

77886 Legs et donations dédiés

77887 Contributions financières exceptionnelles

77888 Autres produits exceptionnels

78 REPRISES SUR AMORTISSEMENTS, DÉPRÉCIATIONS ET PROVISIONS

781 Reprises sur amortissements et provisions
(à inscrire dans les produits d'exploitation)

7811 Reprises sur amortissements des immobilisations incorporelles et corporelles

78111 Immobilisations incorporelles

78112 Immobilisations corporelles

7815 Reprises sur provisions pour risques et charges d'exploitation

7816 Reprises sur provisions pour dépréciation des immobilisations incorporelles et corporelles

78161 Immobilisations incorporelles

78162 Immobilisations corporelles

78164 Reprises sur dépréciations d'actifs reçus par legs ou donations destinés à être cédés

_______ 7817 Reprises sur provisions pour dépréciation des actifs circulants
_______ 78173 Stocks et en-cours
_______ 78174 Créances
_______ **786 Reprises sur dépréciations, provisions (à inscrire dans les produits financiers)**
_______ 7865 Reprises sur provisions financières
_______ 7866 Reprises sur dépréciations des éléments financiers
_______ 78662 Immobilisations financières
_______ 78665 Valeurs mobilières de placement
_______ **787 Reprises sur dépréciations, provisions (à inscrire dans les produits exceptionnels)**
_______ 7872 Reprises sur provisions réglementées (immobilisations)
_______ 78725 Amortissements dérogatoires
_______ 78726 Provision spéciale de réévaluation
_______ 78727 Plus-values réinvesties
_______ 7873 Reprises sur provisions réglementées (stocks)
_______ 7874 Reprises sur autres provisions réglementées
_______ 7875 Reprises sur provisions exceptionnelles
_______ 7876 Reprises sur dépréciations exceptionnelles
_______ **789 Utilisations de fonds reportés et de fonds dédiés**
_______ 7891 Utilisations de fonds reportés
_______ 7893 Utilisations des fonds reportés des fondations abritées
_______ 7894 Utilisations des fonds dédiés sur subventions d'exploitation
_______ 7895 Utilisations des fonds dédiés sur contributions financières d'autres organismes
_______ 7896 Utilisations des fonds dédiés sur ressources liées à la générosité du public
_______ 78961 Utilisation des fonds dédiés sur legs et donations
_______ 78962 Utilisation des fonds dédiés sur dons
_______ 78963 Utilisation des fonds dédiés sur mécénats

_______ **79 TRANSFERTS DE CHARGES**
_______ **791 Transferts de charges d'exploitation**
_______ 7911 Transfert de consommations (comptes 60 à 62)
_______ 7912 Transfert d'autres charges (comptes 63 et 64)
_______ **796 Transferts de charges financières**
_______ **797 Transferts de charges exceptionnelles**

Classe 8 COMPTES SPÉCIAUX

_______ **80 ENGAGEMENTS**

_______ **86 EMPLOIS DES CONTRIBUTIONS VOLONTAIRES EN NATURE**
_______ **860 Secours en nature (alimentaires, vestimentaires,...)**
_______ **861 Mise à disposition gratuite de biens (locaux, matériel,...)**
_______ **862 Prestations**
_______ **864 Personnel bénévole**

_______ **87 CONTRIBUTIONS VOLONTAIRES EN NATURE**
_______ **870 Dons en nature**
_______ **871 Prestations en nature**
_______ **875 Bénévolat**

COMMENTAIRES

Les comptes annuels comprennent nécessairement :
- le bilan,
- le compte de résultat,
- l'annexe.

L'annexe est un document indissociable du bilan et du compte de résultat.

L'annexe doit :
- compléter et commenter l'information donnée par le bilan et le compte de résultat,
- mettre en évidence, tout fait d'importance significative pouvant avoir une influence sur le jugement que les destinataires de l'information peuvent porter sur le patrimoine, la situation financière et les résultats de l'entité,
- faire état des justifications des dérogations aux dispositions du plan comptable général nécessaires à l'obtention d'une image fidèle de l'entité.

Le contenu de l'annexe des comptes annuels des associations, fondations et autres entités de droit privé à but non lucratif soumises au règlement ANC n° 2018-06 est défini par le règlement ANC n° 2014-03 relatif au plan comptable général et par le règlement ANC n° 2018-06, sous réserves de dispositions particulières prévues par l'ANC pour des entités ou secteurs d'activité particuliers.

Le règlement précité instaure des informations, de nature juridique et financière, destinées à une plus grande transparence financière.

CONTENU INDICATIF DE L'ANNEXE

DESCRIPTION DE L'ACTIVITÉ ET DES MOYENS DE L'ENTITÉ

L'entité doit apporter une description détaillée de son objet social, de la nature et du périmètre des activités ou missions sociales réalisées et des moyens mis en œuvre.

FAITS MAJEURS DE L'EXERCICE

L'entité doit relater les événements internes et externes ayant une importance significative intervenus au cours de l'exercice et jusqu'à la date d'approbation des comptes par l'organe délibérant, en précisant leur influence sur la situation financière, le patrimoine et le résultat.

Exemples :
- création ou suppression d'un établissement, d'une activité,
- modifications significatives concernant une convention,
- événements postérieurs à la clôture de l'exercice,
- réévaluation au cours de l'exercice.

PRINCIPES • RÈGLES • MÉTHODES COMPTABLES

L'entité doit arrêter les comptes en respectant les principes du règlement ANC n° 2014-03 relatif au plan comptable général :
- image fidèle, comparabilité, continuité de l'activité,
- régularité, sincérité,
- prudence,
- permanence des méthodes.

L'entité doit également prendre en compte les adaptations au plan comptable général contenues dans le règlement ANC n° 2018-06 au titre des règles d'évaluation et de comptabilisation d'opérations spécifiques telles que la réévaluation des éléments du patrimoine, les fonds dédiés, les contributions volontaires en nature, les donations temporaires d'usufruit, les libéralités.

Par ailleurs, elle doit faire état des principales méthodes retenues lorsqu'il existe un choix de méthode (par exemple, utilisation des fonds dédiés sur financements destinés à l'acquisition ou à la production d'une immobilisation, fait générateur de comptabilisation des cotisations, comptabilisation des subventions d'investissements).

SUIVI DE LA DOTATION DES FONDATIONS ET FONDS DE DOTATION

Les fondations et les fonds de dotation doivent fournir dans l'annexe les éléments permettant de suivre l'affectation des actifs constitutifs de la dotation et une information sur la politique de suivi en matière de gestion des dotations non consomptibles ou consomptibles. Cette information porte notamment sur leur politique de gestion de la dotation : maintien de la valeur, politique d'abondement éventuelle, politique en matière de consommation.

INFORMATIONS RELATIVES AU BILAN

1 • Bilan actif

- État de l'actif immobilisé en indiquant les entrées, sorties et virements de poste à poste,
- Information sur les actifs inaliénables et les donations temporaires d'usufruit,
- État des amortissements avec indication des modes de calcul utilisés,
- En cas de réévaluation, informations sur les réévaluations,
- État des stocks,
- État des échéances des créances à plus ou moins d'un an.

2 • Bilan passif

- Tableau de variation des fonds propres,
- Tableau de suivi des fonds dédiés par projet et selon l'origine des fonds,
- Information concernant les variations du poste : « Fonds reportés liés aux legs et donations »,
- Information sur les subventions d'investissement (nature et identification des autorités versantes),
- État des provisions pour risques et provisions pour charges,
- Engagements pris en matière de retraite et engagements similaires,
- État des échéances des dettes à moins d'un an, de un à cinq ans, plus de cinq ans.

INFORMATIONS RELATIVES AU COMPTE DE RÉSULTAT

Détail des différentes catégories de ressources, en particulier :

- information sur les montants des concours publics et des subventions reçues (par nature de concours ou de subvention et par catégorie d'autorité administrative),
- détail sous forme de tableau de la rubrique « legs, donations et assurances-vie »,
- information sur la nature et les montants des produits perçus dans le cadre de donations temporaires d'usufruit,
- information sur les contributions volontaires en nature (modalité de recensement, de quantification et de valorisation).

AUTRES INFORMATIONS

- Ventilation de l'effectif moyen (personnel salarié et personnel mis à disposition),
- Informations relatives à la rémunération des dirigeants (article 261-7.1° du code général des impôts et article 20 de la loi 2006-586 du 23 mai 2006),
- Honoraires des commissaires aux comptes,
- Informations sur les transactions non habituelles ou non conclues à des conditions normales (par exemple, une dotation à une fondation ou à un fonds de dotation, ou un apport en fonds propres à une autre entité) : désignation et nature de la relation avec la contrepartie ; montant des transactions,
- Informations relatives aux opérations et engagements hors bilan, en particulier :
  - engagements reçus et donnés, dont : legs et donations en cours d'acceptation par les instances,
  - tableau de suivi des dons en nature restant à vendre,
  - emprunts auprès des organismes bancaires,
  - dettes garanties par des sûretés réelles,
  - engagements financiers donnés et reçus : avals, cautions, hypothèques, autres.

Pour les entités faisant appel à la générosité du public :

- Tableau du compte de résultat par origine et destination (CROD),
- Tableau du compte d'emploi annuel des ressources collectées auprès du public (CER),
- Informations nécessaires à leur bonne compréhension :
  - informations relatives à leur élaboration,
  - règles d'affectation ou de répartition des coûts aux missions sociales et autres rubriques.

Cette plaquette « Plan comptable des Associations, Fondations, Fonds de dotation » est conforme à la réglementation française au 1er janvier 2020, résultant du règlement comptable de l'Autorité des Normes Comptables (ANC) n° 2018-06 du [illegible] aux comptes annuels des personnes [illegible] lucratif et du règlement ANC n° 20[illegible] général.

Elle est complétée par des repères destinés à [illegible] les comptes utiles à la préparation de certaines analyses de gestion.

Ce document pratique, mis au point par les équipes Économie Sociale et Solidaire de KPMG, est l'instrument indispensable à tout praticien de la comptabilité, étudiant, enseignant, responsable d'associations, fondations ou fonds de dotation.

momox
momox.com/sale
A-cspj8b

LA LISTE DES COMPTES EST ÉTABLIE À PARTIR :

- du Plan comptable général (Règlement ANC n° 2014-03),
- du règlement ANC n° 2018-06 relatif aux comptes annuels des personnes morales de droit privé à but non lucratif.

LA PRÉSENTATION DES ÉTATS FINANCIERS

- un repère des comptes nécessaires,
- le contenu de chaque ligne du bilan et du compte de résultat,
- l'annexe, contenu indicatif.

INFORMATIONS DE GESTION

- un plan de comptes aménagé,
- un repérage des comptes nécessaires et à l'indication de leur place pour la présentation de la situation financière : Fonds de roulement, Besoin en fonds de roulement, Trésorerie.

© Éditions Economica, 2020
Economica, 49 rue Héricart, 75015 Paris

KPMG S.A.
Tour Eqho
2 avenue Gambetta
92066 Paris La Défense Cedex

9 782717 871043

ISBN 978-2-7178-7104-3
10 €